Mon enquête de GÉNÉALOGIE

LE MYSTÈRE DU POILU

De la même auteure, dans la série
Mon enquête de généalogie :

Le secret du soldat allemand
Nos ancêtres venus d'ailleurs

MARIE-ODILE MERGNAC

Illustrations d'Églantine Ceulemans

Mon enquête de GÉNÉALOGIE

LE MYSTÈRE DU POILU

RAGEOT

Cet ouvrage a été imprimé sur un papier
issu de forêts gérées durablement,
de sources contrôlées.

Couverture et intérieurs : Églantine Ceulemans

ISBN : 978-2-7002-7280-2
ISSN : 1951-5758

LÉA
Le 11 novembre

– Les enfants, dans trois semaines, c'est le 11 novembre.

En entendant la maîtresse, j'ai tout de suite su ce qui nous attendait, comme tous les ans : des cours sur la guerre 1914-1918, puis une gerbe de fleurs à porter avec la classe sur le monument aux morts de la commune, la veille de la date anniversaire du retour à la paix le 11 novembre 1918.

Il faut dire que notre école se trouve juste en face. Depuis les fenêtres, toute notre classe de CM2 aperçoit l'obélisque avec son coq. Ceux qui ont une bonne vue peuvent même lire les noms des soldats inscrits ! D'ailleurs, quand la maîtresse a rappelé la date de la commémoration, presque toutes les têtes se sont tournées pour regarder au-dehors. Toutes, sauf celle de Gabriel, qui dessinait un footballeur dans la marge de son cahier.

– Cette année, on entre dans l'histoire, a ajouté la maîtresse. On va essayer de retrouver qui étaient tous ces jeunes gens disparus au cours de la guerre. Pas seulement leurs noms, qui sont inscrits sur le monument, mais leur vie. Vous allez vous transformer en détectives du passé et chercher leur date de naissance, leurs parents, leur métier avant la guerre, s'ils étaient mariés...

– Oh là ! Je ne sais pas faire ça, moi ! s'est exclamé Hugo.

– Pour Léa, a ajouté Gabriel en me montrant, ça va être trop facile, son arrière-arrière-grand-père est sur le monument. Elle a juste à interroger sa famille.

– Pour moi aussi ! a précisé Chloé en levant le doigt. J'ai un grand-grand-oncle mort pendant la guerre, il est inscrit sur le monument !

– Mais les autres, on ne les connaît pas, a grommelé Louis.

La maîtresse nous a rassurés :

– C'est facile, ne vous inquiétez pas. Je vais vous aider, vous deviendrez de vrais enquêteurs de la guerre 14-18 ! Et pour le 11 novembre, on fera un journal de classe qui rassemblera toutes vos trouvailles. Pour commencer, nous allons déjà relever les noms inscrits sur le monument aux morts. Prenez vos manteaux.

Nous sommes sortis avec elle dans le froid, tous les élèves de la classe, en rang dans la cour, puis dans la rue, jusqu'au monument aux morts. La maîtresse nous a fait mettre par deux, parce que nous sommes 24 et qu'il y a 12 soldats tués inscrits sur la pierre. Elle a expliqué :

– Chaque paire d'élèves va en choisir un dont il cherchera l'histoire.

Gabriel m'a demandé s'il pouvait se mettre avec moi. Facile. Il se doutait que j'allais choisir mon arrière-arrière-grand-père Ernest Mercier, que ma famille avait certainement beaucoup de photos et d'informations… et qu'il n'aurait pas grand-chose à faire ! Mais j'ai accepté parce qu'il m'a dit qu'il pourrait faire des illustrations pour nos recherches… et qu'il est quand même bien sympa.

Chloé aussi a pris le militaire qui était de sa famille et Clara s'est mise avec elle.

14
18

Hugo et Arthur, les deux plaisantins de la classe, ont choisi Aristide Anatole Poudevigne, parce qu'ils trouvaient ses prénoms et son nom trop drôles.

– Pff ! a soupiré Manon, la sérieuse de la classe, qui n'aime pas qu'on s'agite et qu'on dise n'importe quoi. Dans 150 ans, ce sont Hugo et Arthur qui seront des prénoms comiques parce qu'ils ne seront plus à la mode…

Les autres ont mis plus de temps à choisir.

Il faisait gris, la haute pierre était impressionnante et on la regardait vraiment, pas comme les autres années. Certains des soldats morts avaient leur photo en médaillon sur le monument, d'autres, simplement leur nom et leur âge.

– Il a le même âge que mon grand frère, a dit Manon en choisissant le sien, et cela a rendu la classe un peu plus silencieuse.

L'après-midi, de retour dans l'école, la maîtresse nous a parlé de *Mémoire des hommes*, un site Internet créé pour ne pas oublier tous les soldats morts au cours de la Première Guerre mondiale : 1,3 million, un chiffre énorme. Toutes les familles ont perdu un fils, un neveu ou un cousin au cours de la guerre.

– Tous des poilus ! a crié Hugo qui n'écoutait pas. Les soldats de 14-18, on les appelait des poilus !

– Parce qu'ils ne se rasaient pas ? a demandé Arthur en riant.

– Si, si. Les soldats gardaient la moustache parce qu'elle était à la mode, mais ils se rasaient.

La maîtresse a expliqué :

– À l'époque de Napoléon, un siècle avant la guerre de 1914, les soldats de la Garde impériale étaient les plus braves de tous. « Les braves des braves », disait-on. Et parce qu'ils portaient une grande coiffe en fourrure, on les appelait des poilus. Ainsi, en langage militaire, on a pris l'habitude de surnommer « poilus » tous les soldats courageux.

Ça, c'était une information sympa. Elle a même précisé qu'on appelait ce bonnet militaire à poils : « ourson » ou « ours ». Pas parce que c'était de la fourrure d'ours – en fait, c'était souvent du lapin – mais parce que l'ours est un animal très puissant.

– Bonnet de lapin, c'est sûr, ça n'aurait pas fait très glorieux ! a dit Hugo.

– Un lapin, ça détale devant le danger, cela aurait été mal vu, a ajouté Arthur.

Comme la cloche de fin de journée allait bientôt sonner, la maîtresse a rappelé les consignes.

– Notez bien le nom du site Internet : *Mémoire des hommes*. Ce sera votre travail de ce soir : vous chercherez la fiche de votre soldat sur le site et vous l'imprimerez. Faites-vous aider de vos parents. On rassemblera les fiches demain.

J'ai rangé mon cartable. J'avais hâte d'être à la maison, d'interroger mes parents et de trouver avec eux Ernest Mercier sur *Mémoire des hommes*. Un arrière-arrière-grand-père sur Internet, c'est top ! J'avais presque l'impression d'avoir un parent célèbre !

GABRIEL
Travailler moins pour dessiner plus

Quand la maîtresse a commencé ses explications sur la Grande Guerre, je n'écoutais que d'une oreille car je finissais de dessiner le gardien de but de mon équipe de football préférée dans la marge de mon cahier de brouillon. J'adore dessiner. Depuis tout petit. Et tout le monde aime mes dessins. Mon père me surnomme même Michel-Ange ! Vous savez : Michel-Ange, c'est LE grand peintre de la Renaissance.

Le côté pratique, c'est que ça me vaut l'admiration de mes camarades de classe... et parfois leur reconnaissance : un Superman en couleurs contre un pain au chocolat, le cheval de Zorro (vite fait, car il est blanc, pas besoin de colorier) contre une brique de jus de pomme, un gladiateur musclé (ça, c'est plus dur) contre le résultat d'un exercice de maths...

Mais le dessin, ça prend du temps. Si la maîtresse impose trop de devoirs, ça ne me va pas du tout. Son idée d'étudier les poilus de 1914-1918 risque de nous occuper beaucoup. C'est pour ça que j'ai proposé à Léa de me mettre avec elle. J'aurai moins de travail.

Et puis Léa trouve mes dessins magnifiques. Et elle est toujours sympa. Pas comme Hugo et Arthur, qui les aiment aussi mais s'amusent à me donner un coup de coude quand je finis un croquis difficile pour que je dérape ! Il y en a qui ont vraiment l'humour bête.

Il faudra que j'essaie un jour de réaliser le portrait de Léa. Pas facile, car elle a des petites taches de rousseur partout sur les joues. Si je ne les dessine pas, on ne la reconnaîtra pas, mais si je les colorie trop, on croira qu'elle a la rougeole… Pour le moment, le seul portrait d'élève dans mon cahier, c'est celui d'Hugo. Parce que ça ne me dérange pas s'il est raté et que tout le monde le trouve moche !

Revenons à nos poilus. Léa a bien voulu qu'on se mette ensemble pour étudier son arrière-arrière-grand-père Ernest Mercier, mais elle semblait penser que j'étais un gros paresseux. J'étais un peu vexé. Du coup, j'ai eu une idée : pour lui prouver le contraire, je vais lui préparer une surprise. Chut…

LÉA
Mémoire des hommes

À la maison, mon soldat du monument aux morts a occupé tout le dîner.

– C'était le père de ma grand-mère Juliette, a rappelé papa. Il s'était marié pendant la guerre, au cours d'une permission qui lui donnait le droit de revenir chez lui quelques semaines. Mais les combats se poursuivaient, il a dû repartir. Il est mort peu avant la naissance de ma grand-mère. Elle avait conservé un portrait de lui qu'elle m'a transmis.

– Il est au grenier, avec un album de cartes postales de la guerre, a précisé maman. On les cherchera le week-end prochain. Ce soir, tu dois explorer *Mémoire des hommes*.

Ma grande sœur Mathilde, qui était dans un jour de bonté, m'a proposé son aide pour Internet.

– Une fois que tu auras desservi la table, a-t-elle ajouté tout bas.

Je me disais aussi que c'était trop beau. À la maison, on range les assiettes et les couverts dans le lave-vaisselle chacune à notre tour. Ce soir-là, c'était le sien. Bon, j'ai quand même accepté, parce qu'il me fallait son aide pour Internet, mais si un jour elle a besoin de moi, je lui rendrai la pareille.

Au début tout semblait simple. Elle a tapé « Mercier Ernest » sur le site, et j'ai cliqué sur « Rechercher ».

Aïe ! Quatorze Ernest Mercier étaient morts pour la France entre 1914 et 1918 ! Lequel était notre arrière-arrière-grand-père ?

Heureusement, grâce à moi qui avais noté l'année de naissance sur le monument et grâce à papa qui savait qu'il était né dans notre commune, on a pu identifier le bon Ernest et arriver à sa fiche. Elle donnait son nom, ses prénoms, des informations militaires, la façon dont il était mort et à quel endroit.

J'ai découvert qu'il avait été tué d'un éclat d'obus à Verdun à vingt-quatre ans, fin octobre 1918, à quinze jours de la fin de la guerre… et deux mois avant la naissance de sa fille. Trop triste.

La fin de la fiche indiquait qu'on avait déclaré sa mort à la famille et à l'état civil six mois plus tard seulement, en 1919.

– De toute façon, pour les familles, une mauvaise nouvelle arrive toujours trop tôt, a dit maman.

– Et puis il y avait tellement de parents à prévenir, a ajouté papa. Le régiment ou l'hôpital indiquait le décès à l'administration qui vérifiait tout. Puis un courrier officiel était envoyé à la commune du soldat. Et c'était le maire qui devait faire le tour des maisons pour annoncer les mauvaises nouvelles. On m'a raconté que certains parents s'évanouissaient en le voyant s'arrêter devant leur porte, parce qu'ils comprenaient que leur fils était mort.

Mathilde a imprimé la fiche sans rien dire, je l'ai rangée dans mon cartable. Triste guerre et triste nouvelle pour notre arrière-arrière-grand-mère.

Je pensais que Gabriel s'était bien débrouillé pour ne pas travailler. Erreur, je l'avais mal jugé. Il n'avait pas passé de temps sur Internet ; en revanche, il est arrivé le lendemain matin avec un croquis de poilu en uniforme, tout colorié, avec le nom de mon arrière-arrière-grand-père inscrit en dessous. Super beau ! Il faut dire que Gabriel est le meilleur en dessin de la classe. Et comme il avait fait le personnage sur une feuille double, on a mis la fiche *Mémoire des hommes* dedans, ça ressemblait à un petit livre, on était très fiers !

GABRIEL
Douze poilus

J'ai passé toute ma soirée à dessiner pour Léa. Mes parents datent d'avant Wikipédia et Internet (du siècle dernier en clair), mais l'avantage c'est qu'ils ont des livres sur tout ! Je leur ai demandé s'ils n'en avaient pas un sur les uniformes en 1914-1918 et bingo ! Ils avaient ça. Avec des gravures en couleurs, classées par catégories de soldats. C'est quand même plus facile à utiliser comme modèle que l'écran d'un ordinateur, on peut poser sa feuille à côté de la page.

Pour le choix de l'uniforme, j'ai hésité, parce que je ne savais pas si l'arrière-arrière-grand-père de Léa était marin, artilleur, cavalier ou conducteur de char (les chevaux du début de la guerre ont été remplacés par des véhicules à moteur)... J'ai finalement opté pour un fantassin parce que mes parents m'ont expliqué que la plupart des soldats étaient des fantassins. C'est-à-dire qu'ils marchaient droit vers l'ennemi avec leur fusil, leur courage et rien d'autre.

Côté couleurs, j'ai choisi l'uniforme du début de la guerre, le plus beau : une grande veste bleue, un pantalon rouge et un képi bleu et rouge. Des couleurs bien voyantes, m'a dit maman, parce qu'elles étaient restées les mêmes qu'à l'époque où les soldats se battaient au sabre et où il n'était pas gênant d'être vu de loin. En revanche, c'était une grave erreur militaire en 1914 face aux mitrailleuses allemandes !

J'ai dessiné et colorié mon soldat en grand sur la première page d'une feuille double, avec le nom « Ernest Mercier » écrit au-dessous. Il était vraiment très réussi (sans me vanter !). À l'école, quand je l'ai sorti de mon cartable, Léa a sauté de joie et a applaudi ! Elle a mis sa fiche *Mémoire des hommes* à l'intérieur, comme si c'était une couverture de livre. Il faut dire qu'elle aime les livres. Elle les emprunte huit par huit à la bibliothèque. Et parce que huit, c'est le maximum, sinon je crois que sa seule limite serait celle de ses bras !

Hugo et Arthur avaient imprimé sans difficulté la fiche de leur Aristide Anatole Poudevigne : il n'y en avait pas deux avec des noms pareils, c'était facile ! Mais Louis qui avait choisi le Louis Martin du monument aux morts (parce qu'il portait le même prénom que lui) en avait découvert 506 sur *Mémoire des hommes* ! Il avait passé deux heures avec son père avant de trouver le bon, et il était encore plus ronchonchon que d'habitude. Il est à la fois le Schtroumpf grognon et le meilleur élève de la classe. Il a beau avoir les plus belles notes, il râle toujours !

La maîtresse nous a fait accrocher les douze fiches tout le long du mur, avec mon dessin. Puis elle nous a demandé de comparer les âges (celui de Manon était le plus jeune, mort à dix-huit ans), les grades (celui de Louis, un sergent, se trouvait le plus gradé, les autres étant de simples soldats) et les lieux de naissance (tous nés dans la commune sauf deux).

Aller épingler les fiches sur le mur, puis passer de l'une à l'autre pour recopier les informations à comparer, ça a vite mis un

La Mer
La Baleine

peu de chahut, d'autant que beaucoup s'arrêtaient devant mon dessin et l'admiraient à voix haute ! La maîtresse est intervenue et nous avons regagné nos places.

– Le travail d'enquête n'est pas fini ! Demain matin, nous avons tous rendez-vous à la mairie avec l'archiviste : comme les fiches de *Mémoire des hommes* nous ont donné les dates de naissance précises des morts pour la France, nous pourrons consulter sur place leurs actes de naissance dans de gros registres. Grâce à ces documents, nous découvrirons les noms et les métiers de leurs parents.

Sympa, j'espère que ce seront des métiers faciles à dessiner…

– Pour les deux militaires qui ne sont pas nés dans la commune, a ajouté la maîtresse en se tournant vers les quatre élèves concernés, nous ferons ensemble une lettre à leur mairie d'origine pour obtenir une copie de leur acte de naissance. Comme il s'agit d'un travail scolaire, on les recevra assez vite. Et dans trois semaines, pour le 11 novembre, vous pourrez réaliser un journal de classe racontant qui sont tous ces jeunes gens inscrits sur le monument aux morts.

– Compliqué. J'aime mieux les maths, a grommelé Louis.

J'ai levé le doigt :

– Moi, j'aime bien sortir. Et puis Léa verra l'acte de naissance de son arrière-arrière-grand-père ! 1894, c'est si loin dans le temps !

– Le papier tombe peut-être en poussière, a ajouté Hugo.

– Ou il a été mangé par les souris, a ricané Arthur. Léa ne verra qu'un morceau de son ancêtre !

Toujours aussi pénibles ces deux-là…

GABRIEL
Une surprise de 1894 !

À la mairie, nous n'avons trouvé ni souris ni poussière sur les registres, même vieux d'un siècle. Et l'archiviste était toute jeune et très souriante.

– J'imaginais une vieille dame à lunettes, a dit Arthur. Avec des toiles d'araignée dans les cheveux, comme dans les films. Je suis déçu !

Il faut dire qu'Arthur est fan de Sherlock Holmes et de romans policiers, il était même venu avec une grosse loupe – pour faire le malin car personne n'en avait besoin.

L'archiviste s'est approchée. Prévenue par l'école, elle avait déjà sorti sur des tables les registres qu'il nous fallait : ils étaient énormes, reliés en cuir, avec de grosses pages très épaisses. Elle nous a pris par petits groupes pour nous aider à chercher les actes de naissance de nos poilus. Dès qu'ils étaient trouvés, nous les recopiions et la maîtresse les photographiait avec son téléphone portable. Manon avait apporté un appareil photo numérique, elle a eu le droit de l'utiliser, mais sans flash : il paraît que l'excès de lumière abîme le papier et efface les encres.

– Les parents d'Aristide Anatole étaient chapeliers ! se sont exclamés Arthur et Hugo, qui venaient de trouver leur Poudevigne. C'est quoi chapelier ? Un constructeur de chapelles ?

– Non, un fabricant de chapeaux, a précisé la maîtresse. Tout le monde portait des chapeaux à cette époque, les hommes comme les femmes.

– Oh ! Si les parents Poudevigne revenaient aujourd'hui, ils seraient au chômage, plus personne n'en porte !

– Les parents de notre soldat étaient agriculteurs, ont signalé Clara et Chloé.

– Les nôtres, vignerons, a indiqué Manon.

J'ai montré à Léa un gros registre :

– Année 1894, c'est le nôtre !

On a tourné les pages avec précaution. Et voilà ! Au 18 janvier 1894 figurait l'acte de naissance d'Ernest Mercier, écrit très lisiblement à l'encre violette. Pendant que Léa le recopiait soigneusement sur sa feuille, je lisais les autres actes figurant sur la page… Et ce que j'y ai vu m'a figé sur place !

Sans relever la tête, parce qu'elle était toujours en train de noter, Léa m'a demandé d'appeler la maîtresse pour qu'elle vienne photographier, mais je n'ai pas bougé. Les yeux écarquillés, je lisais et je relisais le registre. J'essayais de comprendre.

Léa a fini par me donner un coup de coude. Aïe ! Mais je fixais toujours la page.

– Tu as vu : ils sont deux.

– J'ai vu quoi ? L'acte de naissance d'Ernest est bien là.

– Regarde au-dessus.

Et je lui ai désigné l'acte d'un Pierre Mercier, né le même jour, des mêmes parents, bref : le frère jumeau d'Ernest !

– Incroyable, s'est exclamée Léa, papa ne me l'a jamais dit !

Elle a appelé la maîtresse, elle était tout excitée.

– J'ai peut-être plein de cousins inconnus !

La maîtresse l'a écoutée, a tout lu attentivement, puis a balayé du doigt les marges des actes de naissance.

– Tu vois, les marges des actes indiquent toujours ce que les bébés sont devenus. Dans la marge de celui d'Ernest, l'officier d'état civil a écrit « Mort pour la France le 28 octobre 1918. » Dans la marge de l'acte suivant, on lit que la personne s'est mariée en 1921 et qu'elle est décédée en 1957. Mais pour ce jumeau Pierre Mercier, rien n'est inscrit.

C'était vrai, la marge était totalement vide. Comme si ce bébé Pierre avait disparu de la terre, non seulement effacé de la mémoire de la famille, mais aussi des documents officiels. L'archiviste, qui avait suivi notre conversation, a cherché dans les autres registres de la commune mais elle n'y a trouvé ni mariage ni décès.

– Tu interrogeras tes parents ce soir, a dit la maîtresse à Léa, dont elle sentait l'impatience. Et comme nous sommes vendredi, tu auras tout le week-end pour explorer les papiers de famille. Tu nous raconteras lundi le résultat de ton enquête.

Jamais Léa n'avait attendu la fin de la classe avec autant d'impatience ! Quand on a quitté l'école, c'était presque en courant : elle était trop pressée de découvrir la solution de l'énigme. Et comme je voulais aussi connaître la suite de l'histoire, je l'ai prévenue que je passerais chez elle dès le lendemain.

ERNEST MERCIER
(1894 - 1918)
AMÉLIE LE GOFF
PIERRE MERCIER
(1894- ...)
ANDRÉ LEFEBVRE
JULIETTE MERCIER
??
MICHEL LEFEBVRE
FRANÇOISE DESPREZ
NICOLAS LEFEBVRE
AURÉLIE CHAUMY
MATHILDE
LÉA

LÉA
Le jumeau inconnu

Grosse déception : papa n'était au courant de rien.

– Le père de ma grand-mère Juliette était fils unique, a-t-il affirmé le soir même. S'il avait eu un frère, j'en aurais entendu parler.

Comme j'avais recopié l'acte de naissance du jumeau Pierre et que la maîtresse nous en avait envoyé la photo par mail, il a bien été obligé d'admettre que j'avais raison. Pourtant, il n'en croyait pas ses yeux : il a répété au moins dix fois que sa grand-mère Juliette n'avait jamais évoqué un oncle Pierre.

– Si personne n'en a entendu parler, c'est peut-être parce qu'il est mort tout petit. Cela arrivait à cette époque, la médecine n'était pas efficace, a suggéré Mathilde.

Ma grande sœur se passionne à la fois pour l'histoire et la médecine. Dans ses bons jours, elle dit qu'elle veut devenir pédiatre, dans ses mauvais, qu'elle va inventer une potion pour faire taire les petites sœurs...

Cette fois, elle n'a pas obtenu mon silence. Je lui ai expliqué que Pierre n'avait pas pu mourir enfant puisque leurs parents n'avaient jamais bougé de la commune et que l'archiviste ne l'avait retrouvé dans aucun registre de décès.

Le samedi matin, maman est montée au grenier récupérer la photo de l'arrière-arrière-grand-père en soldat. Évidemment, il y est tout seul. Il y a toujours été tout seul. Qu'est-ce que ça prouve ? Rien. Et d'ailleurs, est-ce que c'est bien sa photo ? Parce que des jumeaux, par définition, ça se ressemble.

Quand j'ai osé supposer que la famille avait peut-être cru conserver la photo d'Ernest alors que c'était celle de Pierre, papa a stoppé net mon raisonnement :

– Impossible. Ma grand-mère Juliette n'aurait pas gardé toute sa vie le portrait de son oncle à la place de celui de son père.

Mathilde a cherché Pierre Mercier sur *Mémoire des hommes* mais il n'y était pas. Impossible donc de dire s'il était mort bébé ou centenaire, mais en tout cas il n'était pas mort à la guerre.

En même temps que la photo d'Ernest, maman avait descendu du grenier un vieil album de cartes postales de la guerre 1914-1918. Nous les avons sorties une à une de leurs onglets pour lire le verso. Les cartes n'étaient ni d'Ernest ni de Pierre, elles étaient toutes signées d'Amélie (la mère de Juliette) et commençaient par « Mon chéri ».

– Son chéri, c'était Ernest, a dit papa. C'est lui qu'elle a épousé, pas un bébé fantôme prénommé Pierre. D'ailleurs, s'il avait vécu longtemps, il y aurait des cartes de lui. Quand on a un frère, on lui écrit.

Papa est fils unique. J'ai failli lui dire qu'il était mal placé pour juger si des frères avaient ou non l'habitude de s'envoyer des lettres, mais j'ai estimé plus sage de me taire. Je me suis tournée vers maman :

– Où sont les réponses ? Pourquoi n'y a-t-il que les cartes d'Amélie et pas celles d'Ernest ? Est-ce qu'il ne reste pas un autre album au grenier ? Tu as bien regardé ?

– Hélas non, ma chérie. Les familles envoyaient aux soldats de belles cartes décoratives en couleurs tandis que les soldats, eux, griffonnaient leurs lettres sur ce qu'ils pouvaient. Et au crayon de bois parce qu'il était impossible d'écrire à l'encre et à la plume dans la boue des tranchées. Les poilus conservaient précieusement les cartes reçues et elles étaient rendues à la famille avec leurs objets personnels s'ils mouraient au combat et que leur paquetage n'avait pas disparu dans les bombardements.

Papa a précisé :

– Tu comprends, les cartes postales, c'était à la mode, on les rangeait dans des albums cartonnés que les gens gardaient souvent. Les petites lettres sur du mauvais papier étaient en revanche remisées dans des tiroirs ; à la génération suivante ou à celle d'après, au fur et à mesure des déménagements, elles partaient à la poubelle. La plupart des familles sont comme nous : elles n'ont qu'une moitié de la correspondance, celle des parents ou des amoureuses, pas celle du soldat.

– C'est nul, j'ai bougonné. Qui a jeté les lettres d'Ernest ou de Pierre ? Amélie ? Juliette ? Ou papy Michel quand il a déménagé ?

Papa m'a passé la main dans les cheveux.

– Je ne sais pas, Léa. En tout cas, les lettres ont disparu.

Quand Gabriel a sonné à la porte l'après-midi, maman remettait les cartes dans l'album, papa téléphonait dans son bureau, Mathilde cherchait des statistiques sur les jumeaux sur Internet et moi, j'étais dans ma chambre, persuadée que nous avions des cousins inconnus à découvrir. Comme j'adore écrire des histoires, j'étais déjà en train d'inventer le contenu des lettres disparues et d'imaginer tout un roman !

Maman s'est levée pour accueillir Gabriel et lui a offert du jus d'orange et un pain au chocolat. J'en ai pris aussi et je lui ai raconté la photo, les cartes postales...

– En fait, tu n'as rien découvert de plus, a dit Gabriel d'un air déçu.

Mathilde nous a rejoints et lui a dit :

– Toi aussi tu fais une recherche sur les soldats du monument de 14-18 ? Tu enquêtes sur lequel ?

– On travaille deux par deux, je suis avec Léa. Donc sur Ernest Mercier.

Papa est arrivé à ce moment-là, tout souriant, car il avait une nouvelle piste.

– Léa, je viens d'appeler Mme Deslandes assez longuement. Elle m'a expliqué bien des choses, mais je préfère qu'elle t'en parle elle-même. Je lui ai dit que tu passerais la voir aujourd'hui en fin d'après-midi. Tu peux accompagner Léa, Gabriel.

– Mme Deslandes ? Je ne la connais pas. (Et à voir la tête de Gabriel, il ne la connaissait pas non plus.)

– C'est la meilleure amie d'enfance de ma grand-mère Juliette. Elle a connu la maman de Juliette, Amélie, l'épouse d'Ernest.

– Attends, a dit brusquement Mathilde en interrompant papa comme si elle avait mal compris : cette dame est une camarade d'école de ta grand-mère ? Mais elle a quel âge ?

– 102 ans.

– 102 ans ?

Gabriel en est resté bouche bée. Moi aussi d'ailleurs.

– On parle encore à cet âge-là ? a murmuré Gabriel.

– Bien sûr qu'on parle, a grondé papa en lui donnant une bourrade amicale. Je la vois une ou deux fois par an, elle vit toujours chez elle, dans la maison voisine de celle de grand-mère. Elle attend Léa vers 17 heures au 4 rue du Chemin-Vert, a-t-il ajouté. Allez-y tous les deux si vous voulez, mais ne restez pas plus d'une heure pour ne pas la fatiguer.

Gabriel et moi, nous nous sommes regardés. Nous ressentions la même excitation : en allant tous les deux rue du Chemin-Vert, nous apprendrions peut-être ce qu'était devenu le petit Pierre !

LÉA
Les confidences

La maison était jolie, avec des buissons de buis devant la porte.

– Qui sonne ? j'ai lancé à Gabriel avec une moue gênée.

– Fais-le, Léa. Après tout, c'est ta famille. Et c'est à toi de parler la première.

Pas très courageux, mon copain.

J'ai appuyé sur la sonnette. On a entendu des pas s'approcher. J'avais un peu peur. Comment parle-t-on à une dame de 102 ans ? Je n'ai pas eu le temps de réfléchir vraiment, la porte s'est ouverte, Mme Deslandes était devant nous. Avec une bonne tête (ouf !). Souriante (re-ouf !).

– Tu dois être Léa. Ton papa Nicolas m'a prévenue que tu viendrais. Tu lui ressembles beaucoup.

– Merci. Je suis venue avec un ami, Gabriel. Est-ce qu'il peut entrer aussi ?

– Bien sûr ! J'ai suffisamment de petits gâteaux pour deux visiteurs.

Elle s'est écartée, nous sommes entrés, elle a refermé la porte derrière nous. Le couloir était long et sombre, j'ai pensé à Hansel et Gretel dans le conte des frères Grimm et j'ai frissonné. Puis nous voilà dans la salle de séjour : beaux meubles en bois sombre, portraits et photos un peu partout, petits gâteaux secs dans une assiette à fleurs sur la table basse, deux verres posés à côté d'une carafe d'eau.

– Asseyez-vous, je vais chercher un troisième verre, je ne savais pas que tu venais avec un ami. Je vous laisse vous servir en biscuits et en eau, faites comme chez vous.

Elle est revenue avec le verre, s'est assise à côté de nous et m'a regardée.

– Alors Léa, ton père m'a dit que tu voulais me parler du jumeau Pierre ? C'est une très vieille histoire que je viens de lui détailler, et que je vais t'expliquer aussi.

Allait-elle commencer son récit par « Il était une fois »... Non. Mais elle s'est mise à raconter une histoire oubliée.

– Ce que je vais te dire, c'est Juliette qui me l'a expliqué. Il y avait bien des jumeaux : Ernest, qui était le papa de Juliette et qui est mort au combat avant la fin de la guerre, et Pierre qui a survécu.

« Qui a survécu » ? Mon cœur s'est emballé. Gabriel a compris lui aussi. Il a posé sa main sur la mienne et je me suis calmée.

Survivre, ça veut dire quoi pour quelqu'un qui est né en 1894 ? Quel qu'ait été son sort, il est maintenant décédé depuis longtemps. Je ne le rencontrerai jamais, même s'il a vécu vieux. Trop d'années ont passé.

– Tous deux étaient de 1894 et se ressemblaient comme deux gouttes d'eau. Amélie, la maman de Juliette, avait cinq ans de moins et les aimait beaucoup. Eux aussi l'aimaient. Et quand ils sont devenus grands, c'était terrible, parce qu'ils voulaient tous les deux l'épouser. Comment faire ? Surtout qu'elle les aimait autant l'un que l'autre, paraît-il. Difficile de faire un choix.

– Il y a de quoi, a timidement ajouté Gabriel : s'ils avaient le même visage et le même caractère...

– Le même caractère, je ne sais pas. Tout ce que je vous raconte, c'est mon

amie Juliette qui me l'a dit, mais elle n'a connu ni l'un ni l'autre.

Ni l'un ni l'autre ? Donc elle n'a pas connu Pierre non plus ? Gabriel et moi, on ne bougeait plus, on ne respirait plus, on écoutait. De toutes nos oreilles.

Mme Deslandes a continué :

– Ils étaient beaux, les deux gars. Ils sont partis combattre, dans la Marne ou dans la Somme, je ne sais plus. En 1917, ils étaient toujours vivants. Or, cette année-là, la grippe espagnole a fait autant de morts que la guerre. Comme s'il n'y avait pas assez de malheureux...

– La grippe espagnole ? Parce qu'elle venait d'Espagne ?

– Pas du tout. On l'a appelée comme ça parce que les premiers articles sur l'épidémie ont été publiés en Espagne où il n'y avait pas la guerre. Dans les autres pays, on interdisait aux journaux d'en parler : si les soldats l'avaient appris, ils auraient eu mauvais moral ; et un soldat qui n'a pas le moral est un soldat qui perd le combat. Vous suivez le raisonnement ?

On a tous les deux hoché la tête affirmativement.

– Les parents d'Amélie sont morts de la grippe espagnole fin 1917. Elle s'est retrouvée très seule. Aussi, quand Ernest est revenu pour quelques semaines de permission, Amélie l'a épousé. Et quand il est reparti à la guerre, elle était enceinte de Juliette. À ce moment-là, personne n'avait de nouvelles de Pierre. On ne le savait pas encore, mais il était blessé, soigné dans un hôpital militaire et sans nouvelles de sa famille. Il n'est revenu qu'à la paix, fin novembre 1918. Et il est allé tout droit chez Amélie pour la demander en mariage.

Mme Deslandes s'est arrêtée dans son récit. Ses yeux regardaient au loin, puis ils se sont portés sur nous.

– Vous comprenez, les enfants. Cela faisait quatre ans qu'il attendait ce moment. C'est peut-être même cette idée-là qui l'avait soutenu lorsqu'il était hospitalisé. C'est peut-être pour Amélie qu'il avait survécu à ses blessures et qu'il était revenu. Mais il la retrouve mariée à son frère Ernest, avec une petite fille de huit jours entre les bras. Car ton père a dû te le dire, Juliette est née le 12 novembre : venue au monde avec la paix, c'était une belle image !

Mme Deslandes s'est redressée :

– Mais pas pour Pierre ! Il est entré dans une colère noire ! Déception, jalousie, sans doute tout ça à la fois. Et il est parti. Tu vois, le plus triste, c'est que ni Pierre ni Amélie ne savaient alors qu'Ernest était déjà mort, que Pierre n'avait plus de frère, qu'Amélie était veuve et que Juliette était orpheline de guerre. S'ils l'avaient su, Pierre serait peut-être resté...

Gabriel a grignoté un petit morceau de biscuit. J'ai avalé une gorgée d'eau et j'ai posé la question pour laquelle nous étions venus :

– Qu'est devenu Pierre ?

– Personne ne le sait. Il est parti, ça oui, mais où ? Ses parents ont longtemps espéré son retour ou au moins une lettre de lui. Une simple petite lettre leur disant que tout allait bien. Ils sont morts sans savoir, hélas.

– Et Amélie ? a demandé Gabriel.

– Elle n'a jamais rien su non plus.

La déception m'a envahie d'un coup :

– Il avait 24 ans et il disparaît comme ça ! Clac ! Et on n'entend plus jamais parler de lui ? C'est impossible !

– Si. Totalement disparu.

Après un long silence, Gabriel a pris la parole :

– Avec Internet et les moyens modernes de recherche, on pourra peut-être découvrir ce qu'il est devenu.

Mme Deslandes nous a regardés affectueusement.

– Si vous le retrouvez, j'aimerais que vous veniez me raconter la suite de l'histoire. Du moins si elle finit bien. Sinon, je préfère continuer à croire qu'il a eu une belle vie. Loin des siens, mais une belle vie quand même. C'est mieux. On n'aime pas les mauvaises nouvelles à mon âge.

Nous nous sommes levés. Il était déjà tard, et j'étais sûre que j'avais dépassé l'heure de visite que m'avait fixée papa. J'ai beaucoup remercié Mme Deslandes et nous lui avons promis de chercher.

Sur le trottoir, Gabriel m'a interrogée :
– Tu sais comment faire ?
– Non. Et toi ?
– Moi non plus.

LÉA
La photo de classe de 1906-1907

À la maison, Gabriel et moi avons raconté toute l'histoire à mes parents, mais ils n'avaient guère de conseils à nous donner.

– Pour la police, il est déjà difficile de retrouver quelqu'un qui disparaît volontairement aujourd'hui, a précisé maman. Alors quelqu'un qui a disparu fin 1918 !

Gabriel tenait à son idée de recherche sur ordinateur.

– Il y a tout sur Internet !

Et il a tapé « Pierre Mercier » sur l'ordinateur de papa :

– Environ 17 millions de résultats, a ironisé Mathilde qui suivait nos recherches par-dessus nos épaules. Vous comptez lire les 17 millions d'articles ?

Gabriel a tenté une nouvelle fois sa chance en ajoutant le lieu de naissance derrière « Pierre Mercier », mais on était encore à 416 000 résultats, sans aucune certitude que le bon Pierre Mercier soit au milieu de tout ça. Nous avions peut-être promis à Mme Deslandes quelque chose d'impossible.

Au moins, le lundi matin, Gabriel et moi avons eu du succès à l'école en racontant l'histoire de Pierre et Ernest Mercier. La maîtresse a dit que l'on pourrait en faire un bel article pour le journal de classe du 11 novembre. Mais un article marqué « À suivre » si on n'apprenait rien de plus d'ici là. En tout cas, les élèves voulaient nous aider à découvrir ce que Pierre était devenu, les idées fusaient !

– Évidemment, s'il s'était appelé Poudevigne comme le nôtre, Isidore Napoléon Poudevigne, par exemple, ça aurait été plus simple !

Je n'ai pas trouvé ça drôle. J'ai même donné un coup de coude à Gabriel parce qu'il avait commencé à rire.

– On a le droit de consulter librement les actes de décès, même s'ils sont récents, a ajouté la maîtresse. Mais tu ne peux pas interroger toutes les communes de France à toutes les dates possibles.

Manon, dont le père fait de la généalogie, a levé le doigt :

– Il y a des sites Internet où les gens mettent les photos des écoliers d'autrefois, celles de leurs parents ou de leurs grands-parents. On pourrait chercher s'il y a Pierre et voir qui a mis la photo.

– Très bonne idée, Manon, a dit la maîtresse. Nous allons le faire ensemble.

Elle a projeté l'écran de son ordinateur en grand sur le mur. Elle nous a fait calculer en quelle année Pierre et Ernest étaient entrés à l'école. C'était en 1900 tout rond. Il n'y avait aucune photo des écoliers de notre commune sur Internet, ni pour cette année-là, ni pour les suivantes. La première et la plus ancienne correspondait à l'année 1906-1907 mais les noms des élèves de la classe de garçons n'étaient pas marqués sur le cliché.

La maîtresse a quand même imprimé la photo et en a donné un exemplaire à chacun de nous.

– Pierre et Ernest y sont peut-être, mais ce n'est pas sûr. L'école n'était obligatoire

que jusqu'à 13 ans et les enfants arrêtaient souvent dès leur treizième anniversaire, sans continuer un seul jour de plus.

– Ils en avaient de la chance, a murmuré Hugo, qui ne rate jamais une blague.

– Les jumeaux sont nés en janvier 1894, a continué la maîtresse ; ils ont eu 13 ans en janvier 1907. On ne sait pas s'ils sont restés à l'école après cette date, ni si la photo a été prise en début d'année scolaire, c'est-à-dire fin 1906, ou après leur anniversaire.

Jamais la classe n'avait été aussi silencieuse. Chacun de nous regardait les écoliers en blouse de 1906-1907. Y avait-il les jumeaux parmi eux ?

Je ne voyais aucune ressemblance, ni entre ces visages en noir et blanc, ni entre eux et le portrait d'Ernest adulte dont j'avais apporté une photocopie.

Seule Manon trouvait que celui du troisième rang à gauche avait un peu la même tête que celui du premier rang au centre, mais personne n'était d'accord avec elle.

La maîtresse a laissé un message sur Internet : « Notre école cherche Pierre Mercier, né en 1894, peut-être présent sur cette photo. Si quelqu'un le reconnaît, merci de nous l'indiquer et de nous dire, si possible, ce qu'il est devenu ». Elle a noté l'adresse mail de l'école pour les réponses.

Après la cantine, on voulait tous savoir si des réponses étaient arrivées. La maîtresse a ri :

– Pas encore ! C'est trop tôt. Cela peut prendre des jours ou même des semaines.

Elle nous aurait dit « l'éternité » qu'on n'aurait pas été plus déçus. Et comme pour nous désespérer totalement, elle a ajouté :

– Parfois, personne ne répond. Ne rêvez pas trop.

GABRIEL
La garde-robe du poilu

Pour le futur journal de classe du 11 novembre, la maîtresse nous avait demandé de chercher des illustrations pour chacun de nos soldats, avec une légende de quelques lignes pour expliquer notre choix. Au moins, ça nous donnait l'impression d'avancer.

Le vendredi matin on a pu comparer ce que chaque groupe avait préparé.

Moi, pour illustrer le futur article sur les jumeaux, j'avais d'abord dessiné Ernest à partir de la photo de Léa, puis j'avais photocopié mon dessin pour représenter Pierre : comme ça, ils étaient parfaitement identiques !

Enfin j'avais repris la photo de classe de 1906-1907 trouvée sur Internet et j'avais changé les têtes pour qu'il y ait deux petits garçons qui se ressemblent totalement. Léa a trouvé que c'était assez réussi, la maîtresse aussi :

– Tu devrais colorier les enfants, ce serait encore plus joli. Car on le fera en couleurs, notre journal de classe du 11 novembre !

Chloé avait photocopié un portrait de son arrière-grand-oncle qui était resté dans la famille, facile !

Manon avait découpé dans un magazine d'histoire une photo de Verdun, parce que son soldat avait été tué en défendant la ville.

Louis avait tracé à la règle un tableau où il avait récapitulé les 506 Louis Martin morts pendant la guerre mentionnés sur *Mémoire des hommes*, avec leur nombre par année de naissance : les douze plus jeunes avaient dix-huit ans, le plus âgé quarante-six. Et il avait même calculé la moyenne des âges des 506 soldats ! Il faut vraiment être fou de maths. Il avait dû y passer des heures, même avec l'aide de ses parents à la maison. Le résultat ? Les 506 Louis Martin avaient en moyenne 21 ans.

– Ton calcul est très intéressant, a commenté la maîtresse. J'ai lu que, sur tous les garçons nés en 1894, comme Pierre et Ernest Mercier, un sur deux seulement était encore vivant en 1919. C'est bien triste.

Comme Aristide Anatole Poudevigne était chapelier avant la guerre, Arthur et

Hugo avaient apporté la veille une grande gravure de mode des années 1900, très jolie, avec des chapeaux melon, des casquettes et des chapeaux à plumes de toutes les couleurs. Mais la maîtresse leur avait demandé de trouver autre chose : c'était pour le 11 novembre et il fallait éviter les fantaisies. Alors ils ont dessiné un casque de soldat de 1914-1918. Très malin : c'était sérieux et ça se portait quand même sur la tête ! Et en plus il était bien colorié ! J'étais admiratif.

– Tu vois, Hugo, a ajouté la maîtresse, toi qui aimes la mode (parce que Hugo dit toujours qu'il veut devenir styliste ou grand couturier plus tard), je vais te montrer comment la guerre a inspiré les créateurs de chapeaux.

Elle a allumé son ordinateur et a projeté sur le tableau blanc des gravures de mode des années 1900, puis des années 1920 :

– Avant la guerre, les dames portaient les grands chapeaux à fleurs ou à plumes que tu as dessinés. Après guerre, regardez : les chapeaux féminins deviennent petits, serrés sur la tête, sans décoration, souvent dans les tons bleus. C'est joli, mais on dirait presque un casque. C'était une façon de rendre hommage aux combattants à travers la mode. Et puisqu'on parle de chapeaux et de casques…

Elle a affiché à l'écran l'image d'un képi de 1914, bleu et rouge en toile, d'un casque français en métal et d'un casque allemand.

– En 1914, les soldats français étaient habillés en uniforme bleu et rouge, avec un képi en toile qui ne protégeait pas la tête. Personne n'imaginait que la guerre allait durer, que les armées allaient s'immobiliser l'une en face de l'autre et creuser des tranchées dans la terre pour se protéger.

Elle s'est tournée vers nous :

– Qu'est-ce qui se passe quand vous êtes enfoui dans un trou ?

– On ne voit plus rien, a dit Gabriel.

– On a peur, a ajouté Chloé.

– Il faut un périscope comme dans les sous-marins, a rigolé Hugo en fermant un œil et en faisant semblant de regarder à travers une longue-vue.

– Ou alors jeter des coups d'œil très vite, pour savoir si l'ennemi n'est pas en train de s'approcher sans faire de bruit, a suggéré Manon.

– C'est exactement ça. Le problème c'est que, quand on sort la tête du trou, on risque de se faire tirer dessus, a précisé la maîtresse. Les Allemands et les Français ont dû inventer le casque.

– Ça n'existait pas avant ? s'est étonné Arthur.

– Pas en France, sauf pour les cuirassiers et grenadiers de la Garde. En Allemagne, ils avaient des casques à pointe, mais en cuir bouilli, pas en métal, donc pas assez résistants.

La maîtresse nous a montré plusieurs modèles sur l'écran.

– Malheureusement les deux armées n'ont pas travaillé de la même façon. Pour concevoir le leur, les Allemands ont réuni des médecins et des fabricants d'acier : leur nouveau casque était très protecteur et très résistant. En France, on a fait appel à des stylistes ! Résultat, il était beau mais moins solide, il a même fallu changer de modèle pendant la guerre.

Elle s'est mise à rire.

– J'ai une dernière anecdote sur les casques allemands : comme ils étaient ronds et bien étanches, les soldats faisaient cuire leur soupe dedans quand ils n'avaient plus de casseroles, et ils s'asseyaient dessus quand ils n'avaient plus de bancs. Avec le casque français, impossible : il avait des petits trous partout et un sommet pointu !

On a tous ri en imaginant les soldats assis sur leur casque.

À la fin de la journée, la maîtresse nous a demandé de finir de dessiner, rédiger et coller nos photocopies pendant le week-end, avant de nous faire une grande annonce :

– Lundi après-midi, j'ai invité un historien à venir dans notre école. Il regardera ce que vous avez préparé et vous parlera de notre région en 1914-1918. Même si nous étions loin des zones de combat, la vie n'était plus du tout la même. Par exemple les femmes travaillaient à l'usine ou dans les champs, puisque les hommes étaient partis à la guerre.

On était tous super enthousiastes, même Louis avait l'air content pour une fois.

– L'historien pourra peut-être nous donner une piste pour retrouver Pierre, a déclaré Manon.

– Pierre, le mystérieux poilu, a ajouté Hugo en prenant une grosse voix de film d'épouvante.

– Je suis Arthur Sherlock Holmes ! (Devinez qui a interrompu Hugo…) Moi aussi je l'interrogerai, et j'éluciderai le mystère du poilu !

Tout le monde a ri. C'était un joli titre « Le mystère du poilu ». On pourra sûrement le donner à notre article dans le journal de classe du 11 novembre. J'espère que Léa sera d'accord.

LÉA
Pupille de la nation

Le vendredi soir, Gabriel m'a laissé ce qu'il avait dessiné. C'était vraiment beau, j'étais contente de tout montrer à mes parents. Sur la première page un grand poilu était habillé en bleu et rouge, avec le nom « Ernest Mercier » écrit au-dessous. Sur la deuxième page, on avait collé la photo de sa fiche *Mémoire des hommes*, puis les deux actes de naissance (celui d'Ernest et celui de Pierre) avec les dessins coloriés de deux soldats identiques, que Gabriel avait réalisés à partir de la photo de famille du grenier. Sur la troisième page, il avait collé la photo de classe de 1906 et avait repassé les visages des écoliers à l'encre pour donner l'impression qu'il y avait des jumeaux parmi eux.

Ma grande sœur Mathilde était impressionnée :

– J'ai cinq ans de plus que ton copain, mais il dessine beaucoup mieux que moi. C'est fou ! Il est vraiment doué ton Gabriel !

Papa m'a descendu du grenier un petit carton beige, pas plus grand qu'une carte postale. C'était une carte de pupille de la nation au nom de Juliette Mercier. On y lisait qu'elle était née le 12 novembre 1918, fille d'Ernest Mercier « Mort pour la patrie » et d'Amélie Le Goff, et qu'elle avait été « adoptée » le 4 avril 1919. On y voyait une Marianne agenouillée qui tendait les bras vers deux enfants.

– Adoptée ?

– Je ne sais pas… mais c'est bizarre, car Juliette a grandi avec sa mère. Tu montreras cette carte à ta maîtresse ou à l'historien qui vient lundi dans ton école. Ils pourront sûrement t'expliquer ce que c'est.

Décidément, tous mes ancêtres avaient des secrets !

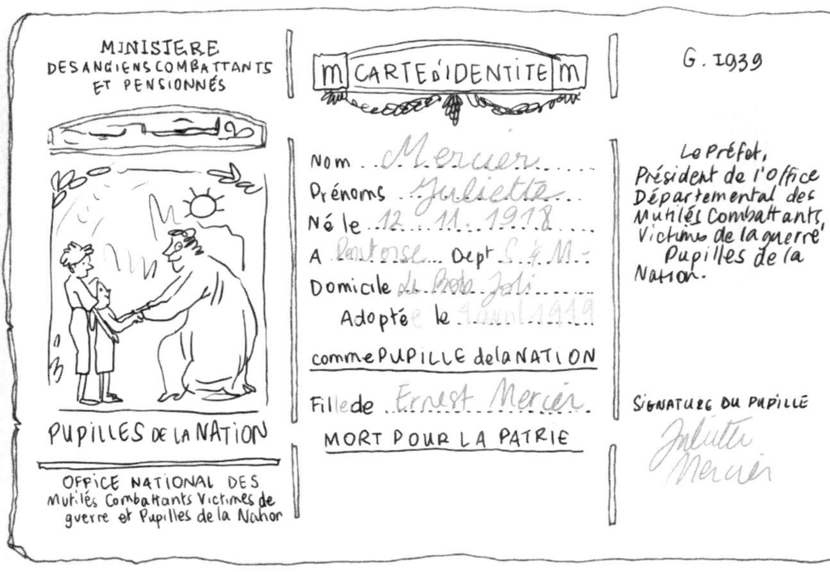

Le samedi, j'ai préparé sur un brouillon un résumé de l'histoire et des légendes pour les dessins. Mes parents les ont lus (aïe ! les fautes d'orthographe !) et j'ai recopié le tout (sans les fautes) sur les pages de Gabriel le dimanche. Très soigneusement. Pas question d'entourer ses dessins avec du texte gribouillé n'importe comment !

La quatrième page restait blanche. Je me suis demandé si l'historien allait pouvoir nous aider. Quelle déception s'il fallait finalement écrire « À suivre » en très gros parce qu'il n'y avait rien d'autre à dire. Ou alors inventer une suite imaginaire ? J'aime bien raconter des histoires, j'en écris aussi (j'ai déjà deux cahiers pleins, que je ne montre à personne), mais là, ça concerne ma famille, mes ancêtres. Je voudrais vraiment découvrir ce que Pierre est devenu.

Le lundi matin, j'ai apporté à la maîtresse la carte de pupille de la nation de mon arrière-grand-mère Juliette, la fille d'Ernest. Elle a fait circuler la carte dans la classe pour que tout le monde la voie.

– Pupille de la nation, ça veut dire qu'elle était de l'Assistance, a dit Hugo. Je le sais. Ma voisine garde des enfants des services sociaux !

J'ai protesté :

– Non, Juliette a toujours habité avec sa maman !

La maîtresse est intervenue :

– Les pupilles de la nation sont les enfants dont l'un des parents est mort pour la France à la guerre ou en est revenu invalide. Cela existe toujours aujourd'hui, mais heureusement il y en a beaucoup moins qu'après la Première Guerre mondiale.

– Invalide ? a demandé Manon.

– C'est quelqu'un avec un bras ou une jambe en moins, a expliqué Hugo.

– Ou les deux en moins, a ajouté Arthur.

– Ou les quatre ! a repris Hugo.

– Ernest était mort à la guerre, sa fille Juliette est donc pupille de la nation. Elle restait dans sa famille, mais ça lui donnait des avantages : des visites médicales tous les ans…

– Bof, a murmuré Gabriel.

– … des colonies de vacances l'été…

– Ça, c'est déjà mieux ! s'est exclamé Arthur.

– … et des points en plus aux examens.

– Ouais ! Super ! a crié Hugo. Je voudrais être pupille de la nation !

– Tu parles toujours trop vite Hugo, a répliqué la maîtresse. Juliette aurait sûrement préféré avoir son papa plutôt qu'un avantage à des examens.

Chloé a levé la main :

– Mon grand-grand-oncle avait des enfants. Alors eux aussi sont devenus pupilles de la nation ?

– Oui. Demande à tes cousins s'ils ont gardé leurs cartes. D'ailleurs, vous pourriez tous vérifier si les jeunes gens figurant sur le monument aux morts étaient mariés. C'est facile, c'est inscrit dans la marge de leur acte de naissance photographié à la mairie. Ça n'indique pas s'ils ont eu des enfants, mais c'est déjà important pour mieux les connaître. Ajoutez-le sur votre fiche.

– Et tu me prêteras la carte de pupille de Juliette, a chuchoté Gabriel, je la dessinerai.

GABRIEL
L'œil de l'historien

Le lundi après la cantine, l'historien est arrivé dans la classe avec la maîtresse. Il était jeune, grand, brun…

– Très beau, a chuchoté Chloé.

– On dirait presque un joueur de foot, m'a chuchoté Léa à l'oreille avec un clin d'œil.

Et j'ai eu un sourire jusqu'aux deux oreilles quand l'historien s'est présenté :

– Bonjour, je m'appelle Antoine Griesman.

– Tu as raison, ai-je réagi, il a même un nom de footballeur !

La maîtresse a expliqué les recherches que nous faisions depuis dix jours et il est passé avec elle dans les rangs pour jeter un regard sur nos dessins et nos textes. Il nous a félicités pour nos travaux.

– Savez-vous qu'un grand romancier a fait comme vous ? Il s'appelle Claude Duneton. Son livre *Le Monument* raconte la vie des vingt-sept garçons dont les noms sont inscrits sur le monument aux morts de son village. Comme vous, il a cherché leurs traces dans les archives, il a noté les souvenirs des familles et il a raconté leur vie. Ça se lit comme un roman, mais un roman très triste.

Comme il a vu que nous avions tous recopié la fiche *Mémoire des hommes* de nos soldats, il a repris :

– Observez votre fiche : elle vous donne à chaque fois le nom du régiment.

– Pour moi, c'est le 236e régiment d'infanterie.

– Moi le 129e !

– Moi le 42e régiment d'infanterie territoriale. Ça veut dire quoi ?

– C'étaient les régiments où l'on regroupait les hommes les plus âgés. On ne les envoyait pas au combat en première ligne, on les laissait sur les territoires de l'arrière, et on ne faisait appel à eux que si on n'avait pas assez de soldats face aux Allemands.

– Moi, a dit Louis, c'est le 28e régiment d'artillerie. L'artillerie s'occupe des canons, c'est le régiment des forts en maths : mon père m'a expliqué que les soldats devaient savoir calculer les angles de tir.

– Et nous, c'est le 9e régiment du génie ! a crié Hugo. On est les meilleurs !

– Le génie construit des ponts et s'occupe du déminage, est intervenue la maîtresse.

– Un régiment, a repris Antoine Griesman, c'est un peu comme une équipe. Quand vous connaissez le numéro, vous pouvez découvrir où se trouvait votre soldat et où il a combattu.

Il a allumé l'ordinateur de la classe et a projeté sur grand écran la page d'accueil du site *Mémoire des hommes.*

– Regardez là, en bas à gauche : « Historiques régimentaires ». Ça veut dire « Historiques des régiments ». Chaque régiment a raconté après la guerre les combats qu'il avait menés, ce qui s'était passé d'important pour lui, donc pour les hommes qui le composaient. Il y a tellement de régiments que la recherche est compliquée, demandez de l'aide à votre maîtresse ou à vos parents.

– Et je pourrai savoir ce qu'a fait mon grand-grand-oncle ? a interrogé Chloé.

– Pas lui personnellement, mais son régiment. Les textes sont courts, bien rédigés, vous pourrez tous compléter votre fiche avec des événements de leur histoire.

Puis il a glissé une clé USB dans l'ordinateur. Il a commencé à nous montrer des photos anciennes de notre région, surtout agricole en 1914. Il nous a parlé de l'approvisionnement des soldats en habits, en nourriture, en munitions… et des femmes qui travaillaient pour produire tout ça. Chloé, qui a toujours des biscuits dans son cartable, voulait absolument connaître le menu des soldats.

– Avez-vous d'autres questions ?

La maîtresse nous a regardés :

– Gabriel et Léa voulaient vous interroger, je crois.

Léa s'est levée et elle a expliqué l'histoire d'Ernest et de Pierre. Je suis intervenu de temps en temps pour préciser des détails. Elle a terminé en demandant :

– Est-il possible de trouver ce que Pierre est devenu ?

La maîtresse n'a pas eu besoin de nous faire taire. Nous observions l'historien en silence. Aussi concentrés que s'il allait nous annoncer une destination de vacances !

Après un temps de réflexion, Antoine Griesman nous a donné à tous une bouffée d'espoir en disant :

– Il y a peut-être une piste à explorer.

Il a rouvert Internet sur l'ordinateur.

– Je vous explique. Autrefois, tous les garçons de vingt ans partaient faire leur service militaire. On les recensait, on inscrivait leur nom dans de grands livres appelés « registres matricules » et, ensuite, l'administration les suivait.

– Les suivait ? a demandé Hugo. Comment ça, « les suivait » ?

– L'administration voulait savoir où ils étaient jusqu'à leurs 45 ans, pour les rappeler en cas de guerre. Donc, dans ces registres, tout était marqué : les adresses successives, le mariage, les décorations, les punitions, les peines de prison, tout, absolument tout.

Je commençais à comprendre. Mais Louis, le roi des maths, a été plus rapide :

– Pierre avait 24 ans quand il a quitté la commune. Ses adresses ont donc été notées par l'armée pendant encore... pendant encore 21 ans !

– Les registres matricules sont maintenant consultables sur Internet, a continué l'historien en commençant à tapoter le clavier. La plupart sont sur le site *Grand Mémorial*, notamment ceux de notre département. Donc toutes les chances sont de notre côté.

En un clic, *Grand Mémorial* nous a livré 316 Pierre Mercier. L'historien a fait défiler la liste assez rapidement car les dates de naissance et les lieux étaient indiqués – et soudain : le voilà ! Pierre Mercier, né le 18 janvier 1894 dans notre commune, c'est bien lui.

M. Griesman a cliqué et la photo de la page de Pierre Mercier est apparue à l'écran. Chouette ! Mais Léa a crié aussitôt :

– On n'y voit rien, c'est trop petit !

– Ne t'inquiète pas. Les registres sont énormes, avec des pages gigantesques. Quand la photo d'une page apparaît sur un écran d'ordinateur, tout semble minuscule et illisible, mais on peut zoomer.

– Ouiiiiii ! s'est exclamé Arthur. Comme Sherlock Holmes avec sa loupe, on va regarder de plus près !

L'historien a grossi la page et les lettres sont apparues. C'était écrit à l'encre, à la main, mais tout était très lisible. Il s'est mis à rire :

– Voyez où il est parti, votre Pierre ! Au Brésil !

Il a montré la case où étaient inscrites, à partir de 1918, les adresses successives, toutes au Brésil : Fortaleza, Recife, Salvador de Bahia, Vitória, Rio de Janeiro, et pour finir Sao Paulo, la dernière notée, celle où il vivait en 1939.

– Dites donc, a-t-il ajouté, il l'aimait, votre Amélie. Il a fini par se marier, mais en 1935 seulement, il avait 41 ans ! C'est marqué là.

Il nous a montré la ligne du doigt, parce qu'on avait moins l'habitude que lui d'explorer les archives et qu'on regardait l'écran avec des yeux tout ronds sans voir où se trouvait l'information.

– C'est à Sao Paulo en 1935 qu'il a épousé une Cristina Almeida da Silva. C'est marqué là, a-t-il répété comme si nous étions tous des imbéciles.

– C'est bon, j'ai vu.

– Moi aussi.

– Moi aussi.

– Moi aussi.

– Et puisque son décès n'est pas marqué, c'est qu'il a vécu plus de 45 ans, donc au-delà de 1939.

– Élémentaire mon cher Watson, a lancé Arthur avec un grand geste, comme si c'était lui qui avait exploré *Grand Mémorial*.

– Mais on ne peut pas savoir quand il est mort ? a demandé Léa.

– Non.

– Et on ne peut pas savoir non plus s'il a eu des enfants ?

– Non.

– Il faut partir là-bas ! s'est écrié Arthur. On va voyager au Brésil pour les retrouver !

– En plus, il y a des belles plages !

– On peut avoir la même page pour notre Aristide Anatole Poudevigne ? a demandé Hugo.

– Et moi pour mon poilu ? a dit Chloé.

– Et nous, monsieur ? a réclamé un autre élève.

On a commencé à chahuter ! Tout le monde parlait en même temps et la cloche qui sonnait la fin de la journée a encore ajouté au brouhaha. Léa et moi, nous nous sommes levés pour remercier l'historien. Il semblait très content d'avoir été si utile.

– Attendez-moi ici, nous a dit la maîtresse. Je raccompagne monsieur Griesman, puis je reviens imprimer la page avant que vous rentriez chez vous.

Dès qu'elle a été partie, nous avons fait deux minutes de ronde dans la classe en poussant des cris de joie ! Léa était enthousiaste et terriblement impatiente de rapporter les informations chez elle.

LÉA
La piste brésilienne

À la maison, quand je suis rentrée, il n'y avait encore personne. Que le chat. Mais j'étais si excitée que je lui ai crié :

– On a retrouvé Pierre ! Il est au Brésil !

Dès que les parents sont arrivés, j'ai tout raconté et j'ai montré la feuille imprimée par la maîtresse. Mathilde a découvert, à son retour du lycée, trois têtes penchées sur l'ordinateur. Nous cherchions dans l'annuaire du téléphone brésilien s'il existait des Mercier à Sao Paulo. C'était une idée de papa.

– Il ne doit pas y avoir beaucoup de gens là-bas qui portent notre nom français !

En effet, bingo ! Internet a affiché trois Mercier seulement à Sao Paulo : un António, une Denise et un Ernesto.

– Ernesto, ça fait penser à Ernest, a dit maman. Pierre a pu donner le prénom de son frère à son fils.

– Mais il était fâché avec lui, a fait remarquer Mathilde. Ce serait plutôt Denise, la cousine : le prénom a une orthographe française.

– Et si on les appelait tout de suite pour savoir !

– Ah oui ? Tu parles portugais peut-être, a rigolé Mathilde en me regardant de haut.

– Papa parle espagnol, ça se ressemble.

– Non, a-t-il réagi. Pas pour expliquer correctement au téléphone une histoire compliquée.

– Et si j'appelais Arthur ? Je crois qu'il a des cousins portugais. En tout cas, il part souvent en vacances au Portugal, il revient toujours bronzé.

Papa, que tout cela semblait amuser beaucoup, m'a tendu le téléphone :

– Vas-y. Tu as carte blanche.

Bon. Finalement, Arthur veut toujours jouer les détectives, mais pour joindre ses cousins, c'est moins ça. J'étais déçue. Il était très fier que je l'appelle pour lui demander de l'aide… mais c'était le samedi soir suivant seulement qu'il viendrait avec sa cousine portugaise, Césarina. Il valait mieux appeler le soir parce qu'il y a six heures de décalage horaire entre la France et le Brésil (quand il est dix-huit heures en France, il est midi chez eux), et le samedi on avait plus de chances de les joindre. Bref, j'ai trouvé le temps long...

Dans les jours qui ont suivi, la maîtresse a imprimé les pages matricules de tous les soldats du monument aux morts, y compris celle d'Ernest. Il y avait des informations rigolotes. On y a découvert que les deux frères Pierre et Ernest savaient nager, que l'arrière-grand-oncle de Chloé jouait du piano et connaissait l'anglais, que le soldat le plus âgé ne savait ni lire ni écrire, qu'Aristide Anatole Poudevigne était orphelin depuis l'âge de six ans... On avait presque l'impression de connaître ces garçons alors qu'à la rentrée ils n'étaient pour nous qu'une ligne gravée sur une pierre.

Enfin le samedi est arrivé ! Papa, maman, Mathilde étaient là. J'avais bien sûr demandé à Gabriel de venir. Et Arthur nous a rejoints non seulement avec sa cousine Césarina (qu'il avait mise au courant de toute l'histoire), mais aussi avec son inséparable copain Hugo. Bref, il y avait foule à la maison.

Après les présentations, le service du jus de fruit et des gâteaux pour tout le monde (je trépignais…), papa a enfin tendu le téléphone à Césarina :

– À vous de jouer !

– On commence par qui ?

– Pas de préférence, on prend l'ordre alphabétique, a dit Gabriel.

– Alors c'est parti pour António !

Césarina a composé le numéro. Ça a sonné. Elle avait mis le haut-parleur, on entendait bien les sonneries. *Dring. Dring. Dring*… C'était interminable. Elles étaient si grandes que ça, les maisons, au Brésil ? Fallait-il dix minutes pour atteindre le téléphone ? Césarina a fini par raccrocher.

– On essaie Denise.

Ça a sonné chez Denise. À la cinquième sonnerie, un répondeur s'est mis en marche. Césarina a dit une ou deux phrases puis a raccroché.

– J'ai expliqué que nous étions des descendants d'Ernest Mercier, que nous voulions savoir si Pierre Mercier était son père ou son grand-père et que nous rappellerions. Ça vous va ?

– C'est très bien, on continue, a précisé papa, aussi impatient que moi.

– Au tour d'Ernesto !

Césarina a composé le numéro et cette fois, au bout de quelques sonneries, quelqu'un a décroché.

– *Olá, é Ernesto Mercier*, a dit une voix d'homme âgé au bout du fil. *Quem está falando ?*

Après quelques secondes d'hésitation, Césarina a commencé à répondre. On ne comprenait pas ce qu'elle disait, mais

on voyait à ses gestes qu'elle parlait pour nous tous, qu'elle racontait le passé mais aussi notre recherche d'aujourd'hui. Elle y mettait tout son cœur. Puis elle s'est arrêtée. Elle a attendu.

Le silence s'est éternisé. Puis la voix d'homme a repris, plus lentement, en français cette fois :

– Je suis le fils de Pierre Mercier.

LÉA
Mes cousins du Brésil

Quel triomphe le lundi à l'école ! J'étais l'héroïne du jour ! Enfin presque. Parce que c'est Arthur qui a tout raconté au moins dix fois. Gabriel et moi, on pouvait à peine placer un mot, c'était le grand succès d'« Arthur Sherlock Holmes » !

Gabriel était un peu vexé, mais il a retrouvé le sourire quand la maîtresse lui a demandé de dessiner la couverture du journal de classe du 11 novembre. Elle a ajouté :

– Et toi, Léa, tu rédigeras la première page pour raconter ton histoire.

Finalement, on a même pu reproduire dans le journal une carte postale de Sao Paulo, reçue juste avant le 11 novembre et signée de tous mes nouveaux cousins du Brésil : Ernesto, ses enfants (Gustavo et Rafael) et ses petits-enfants (Gabriela, Natália, Felipe, Leonardo, Anna et Carolina).

J'ai fait une photocopie de la carte postale, recto verso et surtout en couleurs parce qu'on y voyait une belle plage (et parce qu'une plage en noir et blanc avec une mer gris foncé et du sable gris clair, ça n'avait aucun intérêt, avait souligné Gabriel).

Nous sommes tous les deux allés porter cette photocopie couleur à Mme Deslandes. Quelle joie pour la vieille dame ! Lever l'énigme presque un siècle plus tard ! Elle y croyait à peine, elle a lu la carte au moins dix fois et nous a embrassés largement autant.

Le soir, quand je suis rentrée à la maison, j'ai trouvé papa qui contemplait la carte postale. Du côté de la plage, pas du côté de l'écriture.

– Ça te dirait un petit tour au Brésil l'été prochain ? m'a-t-il demandé avec un grand sourire.

Je n'ai pas besoin de vous raconter la suite, vous avez deviné ma réponse !

L´arbre généalogique de Léa

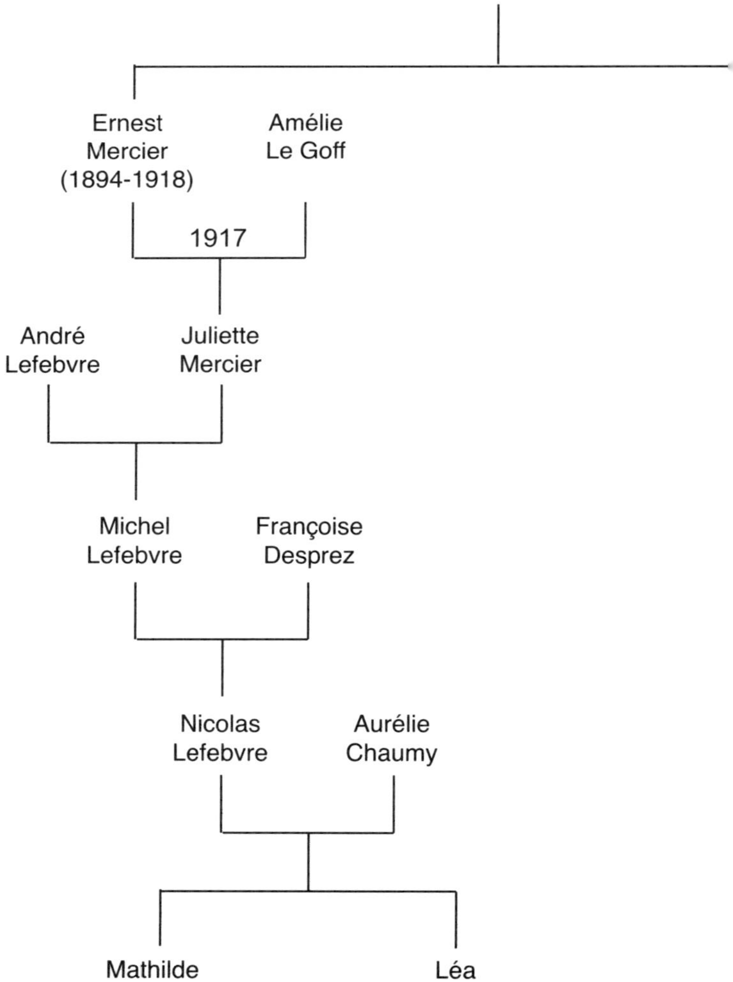

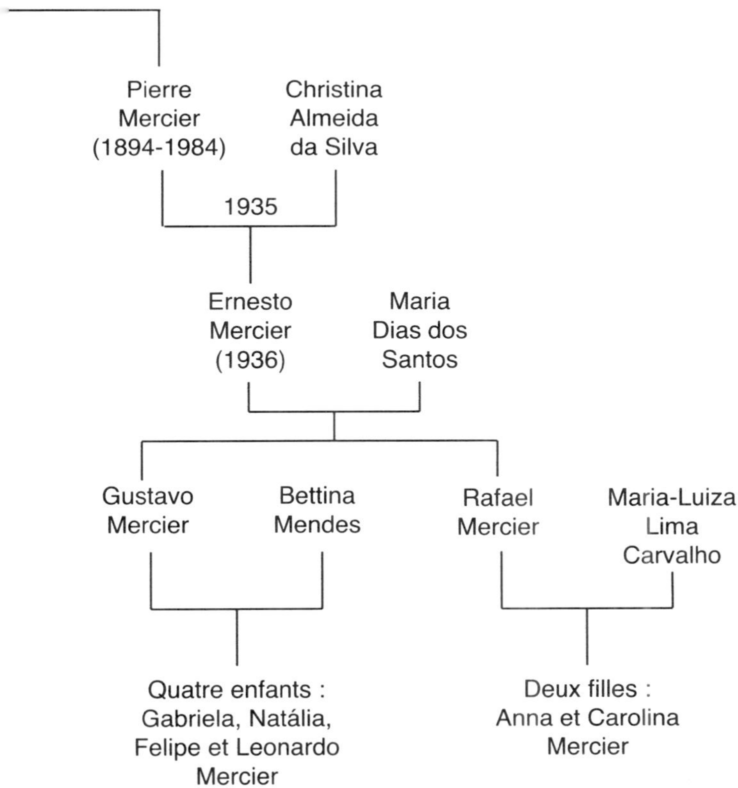
Pierre Mercier (1894-1984)
Christina Almeida da Silva
1935
Ernesto Mercier (1936)
Maria Dias dos Santos
Gustavo Mercier
Bettina Mendes
Rafael Mercier
Maria-Luiza Lima Carvalho
Quatre enfants : Gabriela, Natália, Felipe et Leonardo Mercier
Deux filles : Anna et Carolina Mercier

Ton enquête de généalogie

Toi aussi, comme Léa et Gabriel, tu peux chercher des informations sur tes ancêtres qui ont participé à la Grande Guerre 1914-1918.

Avec tes parents tu peux consulter :

- le site *Mémoire des hommes*[1]

Créé par le ministère des Armées, il permet d'accéder aux fiches des soldats morts pour la France et aux historiques régimentaires, c'est-à-dire au détail de ce que chaque régiment a connu et traversé pendant la guerre.

1. Saisir « mémoire des hommes » dans un moteur de recherche.

• le site *Grand Mémorial*[2]

Réalisé par le ministère de la Culture à l'occasion du centenaire de la Première Guerre mondiale, il regroupe les registres matricules des départements et le fichier des morts pour la France du ministère des Armées.

• les sites des archives départementales ou des archives de ta commune

Ils permettent de retrouver les actes de naissance de tes ancêtres.

2 . Saisir « grand mémorial » dans un moteur de recherche.

Table des matières

L'auteure

Généalogiste, auteure et éditrice, **Marie-Odile Mergnac** a commencé à remonter les branches de son arbre à 12 ans. Sa passion pour la généalogie ne l'a ensuite pas quittée : elle a créé l'encyclopédie en fascicules *Généalogie facile* chez Hachette, puis des collections de guides de généalogie chez Autrement et chez Archives & Culture.

Elle est auteure de nombreux livres sur la généalogie, les prénoms, les noms de famille et l'histoire de la vie quotidienne. Elle intervient régulièrement dans la presse ou à la radio sur ces thèmes.

Elle organise le Salon de généalogie de Paris et elle a lancé une chaîne YouTube « Généalogie Archives & Culture ».

L'illustratrice

Églantine Ceulemans fait du tricot, du vélo bleu, mal la cuisine mais bien les vitres. Ce qu'elle aime par-dessus tout c'est faire des dessins : sur les nappes, les tickets de métro, le plâtre de son petit cousin et aussi sur son petit cousin. Partout quoi. Elle a vécu en Belgique ses 10 premières années, pour rejoindre les bancs des écoliers français par la suite.

Elle sait maintenant très bien faire la différence entre les verbes *savoir et pouvoir*, mais ne peut pas se retenir de saliver devant une frite (même une seule).

En ce qui concerne ses études, après un bref passage – peu inspirant – en comptabilité, elle est revenue à sa première passion, le dessin. C'est en 2007 qu'elle rejoint l'école Émile-Cohl et en sort diplômée en 2012.

Elle est aujourd'hui illustratrice jeunesse et aime dessiner des trucs rigolos qui font rire les plus jeunes, mais aussi les plus grands !

eglantineceulemans.com

Dans la même série

Mon enquête de généalogie

MARIE-ODILE MERGNAC
Mon enquête de
GÉNÉALOGIE
NOS ANCÊTRES VENUS D'AILLEURS
ANOM
RAGEOT

Retrouvez la collection

RAGEOT Romans

sur le site www.rageot.fr

PAPIER À BASE DE
FIBRES CERTIFIÉES

RAGEOT s'engage pour
l'environnement en réduisant
l'empreinte carbone de ses livres.
Celle de cet exemplaire est de :
450 g éq. CO_2
Rendez-vous sur
www.rageot-durable.fr

Achevé d'imprimer en France en décembre 2020
par l'imprimerie Jouve-Print (Mayenne)
Dépôt légal : septembre 2018
Numéro d'édition : 7280-06
Numéro d'impression : 2963318B